www.kidkiddos.com
Copyright©2014 by S. A. Publishing ©2017 by KidKiddos Books Ltd.
support@kidkiddos.com

All rights reserved. No part of this book may be reproduced in any form or by any electronic or mechanical means, including information storage and retrieval systems, without written permission from the publisher or author, except in the case of a reviewer, who may quote brief passages embodied in critical articles or in a review.

Todos os direitos reservados. Nenhuma parte deste livro pode ser reimpressa ou reproduzida de qualquer forma, ou por qualquer meio eletrônico, mecânico ou outro, agora conhecido ou futuramente inventado, incluindo fotocópia e gravação, ou em qualquer armazenamento de informação ou sistema de recuperação, sem a permissão por escrito dos editores.

Все права защищены. Полное или частичное копирование материалов запрещено, согласование использования произведения производится с его автором или издательством.

First edition, 2019

Translated from English by Mariia Fonrabe (Russian)
and Chiara Costa (Portuguese)
Traduzido do Inglês por Chiara Costa
Перевела на русский Мария Фонрабе

Library and Archives Canada Cataloguing in Publication Data
I Love My Dad (Portuguese Russian Bilingual Edition)/ Shelley Admont
ISBN: 978-1-5259-1092-0 paperback
ISBN: 978-1-5259-1094-4 hardcover
ISBN: 978-1-5259-1092-0 eBook

Please note that the Portuguese and Russian versions of the story have been written to be as close as possible. However, in some cases they differ in order to accommodate nuances and fluidity of each language.

Although the author and the publisher have made every effort to ensure the accuracy and completeness of information contained in this book, we assume no responsibility for errors, inaccuracies, omission, inconsistency, or consequences from such information.

Para aqueles que mais amo–S.A.

Моим любимым–S.A.

Em um dia de verão, Jimmy o coelhinho e seus dois irmãos mais velhos estavam andando com suas bicicletas. O pai deles sentava no quintal, lendo um livro.

Однажды летним днём маленький зайчик Джимми и два его старших брата катались на велосипедах. Папа в это время сидел во дворе и читал книгу.

Os dois irmãos mais velhos davam altas gargalhadas enquanto apostavam corrida. Jimmy tentou acompanhar com sua bicicleta de rodinhas.

Два старших зайчонка катались наперегонки и громко смеялись. Джимми пытался догнать их на своём четырёхколёсном велосипеде.

"Ei, esperem por mim! Eu também quero correr!" ele gritou. Mas os seus irmãos estavam muito longe e sua bicicleta era pequena demais.

— Эй, подождите меня! Я тоже хочу с вами наперегонки! — кричал он. Но братья были слишком далеко, а его велосипед был слишком маленьким.

Seus irmãos logo retornaram, dando risadinhas entre si. "Não é justo," bradou Jimmy. "Eu quero andar nessas bicicletas grandes também".

Вскоре братья вернулись, весело хихикая.
 — Так нечестно! — закричал Джимми. — Я тоже хочу ездить на большом велосипеде.

"Mas Jimmy, você é muito pequeno," disse seu irmão mais velho.

— Но, Джимми, ты ещё маленький, — сказал старший брат.

"E você nem sabe como andar em uma bicicleta sem rodinhas," disse o irmão do meio.

— И ты даже не умеешь ездить на двухколёсном велосипеде, — добавил средний.

"Eu não sou pequeno!" exclamou Jimmy. "Eu posso fazer tudo que vocês podem!"

— Я не маленький! — возмутился Джимми. — Я могу делать всё то же, что и вы!

Ele correu em direção aos seus irmãos e pegou uma das bicicletas. "Apenas observem!" ele disse.

Он подбежал к братьям и схватил один из их велосипедов. — Вот, смотрите! — сказал он.

"Cuidado!" gritou seu irmão mais velho, mas Jimmy não deu ouvidos.

— Осторожно! — крикнул старший брат. Однако Джимми его не слушал.

Lançou uma das pernas, tentando subir na enorme bicicleta. Nesse Momento, ele perdeu o equilíbrio e espatifou-se no chão, bem dentro de uma poça de lama.

Он попытался взобраться на большой велосипед, но тут же потерял равновесие и шлёпнулся прямо в грязную лужу.

Seus dois irmãos mais velhos caíram na gargalhada.

Старшие братья громко рассмеялись.

Jimmy se levantou e limpou suas mãos enlameadas em sua calça suja.

Джимми вскочил и вытер грязные лапки об испачканные штанишки.

Isso só fez com que seus irmãos rissem ainda mais.

Это ещё больше рассмешило братьев.

"Desculpe, Jimmy," disse o irmão mais velho entre risadas. "É que é muito engraçado."

— Прости, Джимми, — сказал старший брат, не переставая хохотать. — Но это так смешно!

Jimmy não poderia mais suportar aquilo. Ele chutou a bicicleta e correu para casa com lágrimas no rosto.

Тут Джимми не выдержал. Он пнул велосипед и в слезах побежал домой.

O Papai observava seus filhos do quintal. Ele fechou o livro e foi ao encontro de Jimmy.

Папа наблюдал за сыновьями со двора. Он закрыл книгу и подошёл к Джимми.

"Querido, o que aconteceu?" ele perguntou.

— Что случилось, сынок? — спросил он.

"Nada," grunhiu Jimmy. Ele tentou limpar suas lágrimas com as mãos sujas, mas em vez disso, sujou seu rosto ainda mais.

— Ничего, — проворчал Джимми. Он попытался вытереть слёзы грязными лапками, но только ещё больше перепачкался.

O Papai sorriu e disse calmamente, "Eu sei o que pode fazer você rir..."

Папа улыбнулся и тихо сказал:
— Я знаю, что может тебя развеселить...

"Nada pode me fazer rir agora," disse Jimmy, cruzando os braços.

— Сейчас меня ничто не развеселит, — ответил Джимми, скрестив лапки на груди.

"Você tem certeza?" disse o Papai, e começou a fazer cócegas em Jimmy até que ele sorriu.

— Уверен? — спросил папа и принялся щекотать Джимми, пока тот не заулыбался.

Em seguida ele lhe fez tantas cócegas que Jimmy começou a rir.

Он щекотал его ещё и ещё. Джимми начал хихикать.

Eles rolaram na grama, fazendo cócegas um no outro até que ambos estavam rindo descontroladamente.

Они катались по траве, щекотали друг друга и наконец громко рассмеялись.

Ainda soluçando devido à sua crise de riso, Jimmy pulou no colo do Papai e abraçou-o bem forte.

Икая от хохота, Джимми запрыгнул к папе на колени и крепко его обнял.

"Eu estava observando você andar na sua bicicleta," disse Papai, abraçando-o de volta.

— Я смотрел, как ты катаешься, — сказал папа, обнимая его в ответ.

"E eu acho que você está pronto para andar em uma bicicleta sem rodinhas."

— И я думаю, ты уже готов ездить на двухколёсном велосипеде.

Os olhos de Jimmy brilharam de emoção. Ele se levantou rapidamente. "Sério? Podemos começar agora? Por favor, por favor, papai!"

Глаза Джимми радостно заблестели. Он вскочил.
— Правда? Можно мы начнём прямо сейчас? Пожалуйста, ну пожалуйста, папочка!

"Agora você precisa tomar um banho," disse o Papai sorrindo. "Nós podemos começar a treinar amanhã bem cedo."

— Прямо сейчас тебе нужно помыться, — ответил папа с улыбкой. — Начнём тренироваться завтра с самого утра.

Depois de um longo banho e do jantar em família, Jimmy foi para a cama. Naquela noite, ele mal conseguiu dormir.

После долгой ванны и семейного ужина Джимми отправился спать. Ночью ему не спалось.

Ele acordou de novo e de novo para ver se já era de manhã.

Он просыпался снова и снова, чтобы проверить, не настало ли уже утро.

Assim que o sol nasceu, ele correu para o quarto de seus pais.

Как только взошло солнце, он бросился в спальню к родителям.

Jimmy caminhou na ponta dos pés até a cama deles e deu em seu pai uma pequena sacudida. Papai virou-se para o outro lado e continuou roncando tranquilamente.

Джимми на цыпочках подошёл к их постели и легонько потряс папу. Но папа лишь перевернулся на другой бок и продолжал мирно храпеть.

"Papai, nós temos que ir," Jimmy murmurou e puxou-lhe as cobertas.

— Папа, нам пора идти, — тихонько сказал Джимми и стянул с него одеяло.

Papai pulou e seus olhos se abriram. "Hã? O quê? Estou pronto!"

Папа вскочил, широко раскрыв глаза:
— А? Что? Я готов!

"Psit...", sussurrou Jimmy. "Não acorde ninguém."

— Чш-ш-ш... — прошептал Джимми. — Никого не разбуди.

Enquanto o resto da família ainda estava dormindo, eles escovaram os dentes e saíram.

Пока все остальные спали, Джимми и папа почистили зубы и вышли.

Enquanto abria a porta, Jimmy avistou sua bicicleta laranja brilhando no sol. As rodinhas de apoio foram retiradas.

Открыв дверь, Джимми увидел свой оранжевый велосипед, сверкающий на солнце. Маленькие колёса были сняты.

"Obrigado, Papai!" exclamou enquanto disparava em direção a sua bicicleta.

— Спасибо, папочка! — воскликнул он, подбегая к велосипеду.

O Papai mostrou a ele como subir e como pedalar. "Vamos nos divertir um pouco!" ele disse, colocando um capacete na cabeça de Jimmy.

Папа показал ему, как садиться и как крутить педали.
— Давай-ка, вперёд! — сказал он, надевая шлем на голову Джимми.

Jimmy respirou bem fundo, mas não se mexeu. "Vamos lá. Eu vou apoiá-lo no assento," insistiu Papai.

Джимми сделал глубокий вдох, но не двинулся с места.
— Ну же, давай! Я подсажу тебя в седло, — настаивал папа.

"Umm..." balbuciou Jimmy, sua voz tremendo. "Eu estou...Eu estou com medo. E se eu cair de novo?"

— М-м-м... — начал Джимми дрожащим голосом, — мне... мне страшно. А если я снова упаду?

"Não se preocupe," assegurou seu pai. "Eu vou ficar perto para lhe pegar se você cair."

— Не волнуйся, — успокоил его папа. — Я буду рядом и поймаю тебя, если ты начнёшь падать.

Jimmy subiu em sua bicicleta e começou a pedalar devagar.

Джимми сел на велосипед и начал медленно крутить педали.

Quando a bicicleta pendia para a direita, Jimmy se inclinava para a esquerda. Quando a bicicleta pendia para a esquerda, Jimmy se inclinava para a direita.

Когда велосипед кренился вправо, Джимми наклонялся влево. Когда велосипед кренился влево, Джимми наклонялся вправо.

Ele caiu algumas vezes, mas não desistiu – ele tentou de novo e de novo.

Иногда он падал, но не сдавался, а снова и снова садился в седло.

Dia após dia eles praticaram juntos.

Так они тренировались вместе каждое утро.

Papai segurava Jimmy enquanto ele balançava, e naturalmente o coelhinho aprendeu a pedalar rápido.

Папа поддерживал Джимми, когда тот терял равновесие, и наконец зайчонок научился крутить педали быстро-быстро.

Até que um dia, o Papai o soltou e Jimmy conseguiu andar sozinho sem cair uma vez sequer!

А потом в один прекрасный день папа отпустил его, и Джимми поехал сам и даже ни разу не упал!

O Papai sorriu. "Agora que você aprendeu a andar de bicicleta, nunca mais vai esquecer."

Папа улыбнулся:
— Раз ты научился кататься на велосипеде, то уже не разучишься никогда.

"E eu posso correr também!" exclamou Jimmy.
— И теперь я смогу ездить наперегонки! — воскликнул Джимми.

Naquele dia, Jimmy correu com seus irmãos.
В этот день Джимми и его братья устроили гонки.

Adivinha quem ganhou a corrida?

Угадайте, кто выиграл?